Jörg Müller

Aufruf zum Umdenken

AF650886

Jörg Müller

Aufruf zum Umdenken

Fromm Verlag

Imprint

Any brand names and product names mentioned in this book are subject to trademark, brand or patent protection and are trademarks or registered trademarks of their respective holders. The use of brand names, product names, common names, trade names, product descriptions etc. even without a particular marking in this work is in no way to be construed to mean that such names may be regarded as unrestricted in respect of trademark and brand protection legislation and could thus be used by anyone.

Publisher:
Fromm Verlag
is a trademark of
International Book Market Service Ltd., member of OmniScriptum Publishing Group
17 Meldrum Street, Beau Bassin 71504, Mauritius

Printed at: see last page
ISBN: 978-620-2-44225-1

Copyright © Jörg Müller
Copyright © 2018 International Book Market Service Ltd., member of OmniScriptum Publishing Group
All rights reserved. Beau Bassin 2018

Jörg Müller

Kurz nachgedacht.

Das Wort
zum Werktag.

Jörg Müller

Auf den Punkt gebracht.

Worte zum Werktag

INHALT

ACHTSAMKEIT

Das muss weh getan haben: Da ist er voll gegen einen Laternenpfahl gerannt, weil er immer nur aufs Iphone schaute. Naja, immer noch besser als überfahren werden.

Die digitale Technik hat uns im Griff; die Achtsamkeit geht flöten; die Wahrnehmung ist eingeschränkt. Die ganz persönliche, zwischenmenschliche Kommunikation muss neu gelernt werden. Heute haben alle ein Handy, sind aber fast alle nicht erreichbar, weil sie lieber simsen als sprechen wollen. Ein Vorteil hat diese Technik: Man lernt, sich kurz zu fassen, eine Fähigkeit, die unseren Politikern (und leider auch manchen Pfarrern) abgeht.

Weniger ist mehr. Die Flut an Worten, Reden, Konferenzen und Sitzungen, die Überschwemmung durch Paragrafen und Brüsseler Bestimmungen, das Dickicht der Verkehrsschilder und die Flut des Kleingedruckten nervt gehörig. Wir kommen nicht mehr auf den Punkt.

Infolge der chronischen Ablenkungen und verbalen Tsunamis ist die Achtsamkeit verschwunden. Oder sehen Sie noch den Bettler auf der Straße, die gestürzte Frau am Gehsteig, das Halteverbotsschild und die geschlossene Glastür? Erkennen Sie noch im Wortgeschwafel der Manager und Minister brauchbare Kernaussagen?

Spüren Sie noch die Not hinter den gestammelten Worten des Kindes oder die Angst zwischen den Zeilen des „Flegels"? Richtig zuhören müsste man können; dann lässt sich das verschlüsselte Zeichen richtig deuten. Sich kurz fassen und auf den Punkt kommen ist gefragter denn je.

Das Schwinden einer empathischen Kommunikation ist neben der Vermüllung unserer Natur Symptom einer neuen sozialen Kälte. Was interessiert uns schon die Not der anderen, was kümmert uns die Schöpfung?! Nach uns die Sintflut.

Da werden Anstand und Fürsorge, Weitsicht und Umsicht geopfert auf dem Altar des grenzenlosen Konsums. Wir verehren die Gottheiten Habsucht und Machtgier. Und dabei verlieren wir uns im trüben Abwasser unserer verbalen und materiellen Kloaken.

Tatsächlich haben wir verlernt, das Leben zu vereinfachen und das Wesentliche zu erfassen. Doch wer die Gegenwart mit anderen zusammen genießen kann, hat in der Zukunft eine schöne Vergangenheit.

ALLERHEILIGEN

„Herr, ich will keine Heilige sein. Mit ihnen lebt es sich so schwer. Aber ein Griesgram ist nun auch nicht das Richtige. Deshalb bitte ich um Gelassenheit" betete Teresa von Avila. Vermutlich hatte sie keine guten Erfahrungen mit jenen gemacht, die als Heilige galten oder sich dafür hielten.

Nach Paulus ist jeder heilig, der sich taufen lässt: Er gehört Gott. Mitsamt seinen Sünden. Also feiern wir am Fest aller Heiligen zugleich das Fest aller anonymen Menschen, die bei Gott einen guten Namen haben.

Den müssen sie bei den Menschen nicht gehabt haben; denn wer sich für heilig hält, ist es schon nicht. Der wahre Heilige weiß nichts von seiner Heiligkeit. Im Gegenteil: Er hat stets das Unbehagen, keiner zu sein und strengt sich vielleicht an, einer zu werden.

Sollten Sie, lieber Leser, also das Gefühl haben, kein Heiliger zu sein, muss das nicht heißen, dass sie einer sind. Gell.

Für mich waren als Kind die Heiligen immer so weit weg. In ihren Biographien kam ich nie vor mit meinen Nöten und Sünden. Erst als ich erfuhr, dass auch der verrückte Filipo Neri und die bodenständige Nonne von Avila mit ihren frechen Antworten heilig waren, sah ich für mich gewisse Chancen. Die gingen aber spätestens mit dem Studium der Theologie und Psychologie wieder flöten.

Heute weiß ich, dass man nicht Großartiges machen muss, sondern das Kleine artig. Das ist viel schwerer als Wallfahrten machen und Gott mit Opfern bestechen.

Heute beginnt der Rest unseres Lebens. Schon mal Bilanz gezogen? Wenn sie nicht gut ausfällt, keine Angst: Bei Gott ist der Erfolg kein Name. Nur die Mühe. Deshalb gilt auf dem Weg zur Heiligkeit die Einsicht: Zuerst müh-, und dann –selig. Gelingt nicht immer, aber immer öfter.

ASCHERMITTWOCH

Die fünfte Jahreszeit , in der wir alle so kreuzfidel waren, ist vorbei. Ab heute sind wir kreuzbrav, lassen uns ein Aschenkreuz auf die Stirn zeichnen. Aber wer bitteschön sündigt denn heute noch? Allenfalls bei der dritten Schwarzwälderkirschtorte. Diese Sünde wird streng geheim gehalten..,

Der Aschermittwoch erinnert uns an unsere staubige Vergänglichkeit. Der Priester spricht die Worte:" Kehre um und glaube an das Evangelium!" Es wäre ja schön, wenn wir umkehrten; doch die Kirchgänger fühlen sich nicht angesprochen, weil sie ja schon fromm sind. Und die anderen hören die Worte nicht. Dumm gelaufen.

Dabei müssen wir uns alle täglich bekehren; ich hab es schon tausendmal gemacht. Das ist nicht schwer; man muss sich nur seiner Sünden bewusst werden und bereuen. Und dann geht es wieder von vorne los. Sehr praktisch.

Umkehr ist in Wahrheit mühselig. Und wenn Sie sich mal Ihren Hauptfehler anschauen, kommen Sie an die Grenzen Ihres Charakters. Ach, Sie haben keinen? Wie wär's denn mit den folgenden Vorschlägen: Neid, Habgier, Rechthaberei, Mobbing, Mitmenschen austricksen und sie schlecht reden. Nichts dabei?

Respekt! Aber verfallen Sie nur ja nicht der Illusion, heilig zu sein. „Geschwundenes Schuldbewusstsein“ nennen das die Psychologen. Die Bibel nennt es „Verblendung“.

Es ist Zeit, in Sack und Asche zu gehen und ein Aschekreuz auf der Stirn zu haben, die wir Gott bieten. Wir sind alle Sünder. Nur die haben ein vermeintlich reines Gewissen, die es nie benutzen. Und manchmal ist sogar die Gerechtigkeit der Selbstgerechten schlimmer als die Schuld der Sünder.

BETEN VOR DEM ESSEN?

Gott danken für das tägliche Fleisch und sein Brot teilen mit den Armen? Schön wär's. Ein nicht kleiner Prozentsatz von Studenten und allein lebenden Menschen verzichtet auf das Frühstück und nimmt allenfalls im Vorbeigehen bei Tchibo einen Kaffee mit, vielleicht noch einen mehrstöckigen Whopper bei McDonald. Und natürlich noch eine Cola Light, damit der morgendliche Zuckerspiegel auf Trab kommt. Gegen Mittag wird dann in der viel zu kurzen Pause rasch noch ein Döner beim Türken um die Ecke verzehrt; er schmeckt gut, macht satt und das muss reichen. Abends ist das große Fressen beim Chinesen angesagt: all you can eat, will sagen: Hier kannst du für wenig Geld soviel essen, bis der Arzt kommt. Danken? Weit gefehlt.

Wer alles bekommt, was er will, dem bekommt nicht alles, was er hat.

90 Millionen Tonnen Nahrungsmittel werden jährlich in der EU weggeworfen. 925 Millionen Menschen hungern. Was läuft da falsch?

Man kann es drastisch so formulieren: Der satte Norden hat das Danken verlernt und überhört das Betteln im Süden. Dabei der Überfluss der Reichen der Besitz der Armen. Nach Schätzungen der WHO sind mehr als 1,6 Milliarden Menschen übergewichtig; zugleich sterben stündlich 4000 Menschen an Unterernährung.

Und was auf den Lebensmittelverpackungen steht, ist auch gelogen. Da bekommt das Gebet „Herr, segne, was du uns beschert hast" eine ganz andere Bedeutung. Bei aller mangelnden Transparenz und Gewinngier bleibt wirklich nur noch das aufrichtige Gebet um den göttlichen Segen, der unser „täglich Brot" entgiften möge. Die Moslems beten vor dem Essen:" Gott, segne uns, unseren Unterhalt und schütze uns vor dem Feuer...." Vielleicht können wir es ergänzen mit den Worten: „...und schütze uns vor einer Vergiftung." Nach dem Essen sagen sie: „Al-hamdulillah" (Gott sei gepriesen). Und wir?

Als ein Kellner sah, wie ich über das Essen ein Kreuzeichen machte, fragte er ganz verschämt, ob ich der Küche nicht trauen würde.

DAS MÜNCHENER TELEFONBUCH

"Trinkgeld", sagte der Herr in unmissverständlichem Ton. Ich hatte mich ihm gerade vorgestellt und suchte irritiert nach meinem Portemonnaie, als er fortfuhr. „Meine Name ist Franz Trinkgeld. Sind Sie Pater Müller?"

Als ich jüngst einen Herrn in München anrief, ertönte es am anderen Ende der Leitung: „Mord". Ich dachte an einen schlechten Scherz und wollte den Hörer wieder auflegen, als die Person mich zu beruhigen versuchte. Der Mord war weiblich und hieß Zivana.

Mir lag noch der Schrecken von einer früheren Begegnung im Magen. „Killer" nannte mich der Mann, dem ich die Tür öffnete. Fast hatte ich ihm die Polizei auf den Hals gehetzt. Dabei hat sich der kleinwüchsige Herr lediglich vorgestellt. Und freundlich war er auch. Fast 50 Killer laufen in München frei herum. Laut Telefonbuch. Dieses zweibändige Werk ist eine Offenbarung. 50 Killer und nur drei Bullen, wenn man dem Buch glauben will. Da stehen die Chancen schlecht. Ein Glück nur, dass die 42 Teufel in Bayerns Metropole nicht viel ausrichten können gegen 162 Engel. Das läßt doch hoffen. Oder?

Das Schicksal ist hart. Wie kann ein Trierer Totenbestatter Loch heißen? Und weshalb muss sich ein Bonner Minister Geil nennen? Als kürzlich erst eine Frauenstimme „Flegel" zu mir sagte, konnte ich gerade noch meinen Unmut zurückhalten. Es stellte sich heraus, dass sie eine sehr sympathische Dame war mit dem klangvollen Vornamen Adelheid. Ja, das Leben ist voller Überraschungen. Wer hätte gedacht, dass man Fisch, Morgenweck, Butterbrot und Hummer nicht nur essen, sondern auch heißen kann? Dagegen kann ein Morgenroth oder ein Abendroth geradezu versöhnlich und romantisch stimmen.

„Herein", sagte eine tiefe Männerstimme am Telefon. Ich verstand das als Aufforderung, durch die Leitung zu kriechen. Und als bei derselben Durchwahl sich sein Kollege mit „Raus, Wolfgang Raus" meldete, erkannte ich die feine Tragik ihres gemeinsamen Schicksals.

Stellen Sie sich einmal vor, eine hübsche junge Dame kommt auf Sie zu und sagt: „Mein Name ist Mörderisch". Oder wie es mir jüngst auf einer Party passiert ist: „Nennen Sie mich ganz einfach Mpazdrigiannis Athanassios!" Mein Gott, was können diese armen Leute schon dafür?! A propos Gott. Die große Erleuchtung kam mir am Ende meiner Recherchen: Gott wohnt in München. Und er ist weiblich. Er heißt Antje Gott. Inzwischen wohnt Gott nicht mehr in München.

DAS KREUZ MIT DEM KREUZ

Von wegen Kreuzerhöhung. „Nieder mit dem Kreuz, raus aus den öffentlichen Gebäuden!" So rufen manche. Schon die Bibel weist darauf hin, dass das Kreuz zum Zeichen des Ärgernisses wird für viele.

Wer an die Kreuzzüge denkt, kann sich kaum für das Zeichen des Heils begeistern. Und wenn man sieht, wie viel Leid im Namen dieses Zeichens fromme Fanatiker verursacht haben, wird einem ganz schummrig.

Ich kann in diesem gekreuzten Balken an den schrecklichen Tod eines Menschen erinnert werden; ich kann aber auch den Sieg Gottes über den Tod darin sehen. Manche meinen, man müsse die Kinder fernhalten von solchen Symbolen der Grausamkeit; doch was die Kinder täglich im Fernseher geboten bekommen, überschreitet längst die Skala des Verdaulichen.

Karfreitag ist ohne Ostern nicht zu verstehen. Das Leid bleibt immer ein Durchgangsstadium in Richtung Leben. Und ein irdisches Leben ohne Kreuz gibt es nun mal nicht. Ich kann es optisch ausblenden, aber existentiell bleibt es spürbar.

Sie nehmen zu: die Kreuz- und Rückenschmerzen. Psychologen meinen, dies wäre oft auch die Folge einer fehlenden Rückendeckung. Gemeint sind liebevolle Zuwendungen in der Kindheit. Wenn Eltern den Rücken ihrer Kinder nicht stärken, wenn Kinder zu lange mit dem Rücken zur Wand standen oder Verwandte ihnen in den Rücken fielen, dann hat das psychosomatische Folgen.
Konstantin der Grosse siegte im Zeichen des Kreuzes, nachdem er es aufgrund eines Traumes an alle Standarten anbringen ließ (Schlacht gegen Maxentius an der Milvischen Brücke 312).

Stets haben auch die Gegner versucht, das Kreuz lächerlich zu machen oder zu missbrauchen, indem sie es auf den Kopf stellten als Ausdruck ihrer eigenen Perversion. Das einzige, was hier auf den Kopf gestellt wurde, war ihr eigener Glaube.

Im Kreuz ist Heil. Das ist der Glaube der Christen. Da steht die Freude oben an. Und dann ist auch ein Kopfstand sinnvoll.

DER GÖTTLICHE HUMOR

Da geht dieser frisch Auferstandene mit zwei jungen Männern nach Emmaus, fragt sie über sich aus, gibt sich nicht zu erkennen. Und dann, in der Kneipe angekommen, essen sie was; er macht sein untrügliches Erkennungszeichen, das Brotbrechen, und – weg ist er. Was für ein gelungener Abgang!

Mit dieser Szene will er uns allen sagen, dass er von nun an nicht mehr sichtbar unter uns weilt, sondern nur in Zeichen erkennbar ist. So was nenne ich Humor.

Dann steht er am See und findet seine Jünger beim Fischen. Sie erkennen ihn nicht. So greift er zum zweiten Mal zu einem Erkennungsmerkmal. Er fragt sie: „Habt ihr was zum Essen für mich?! Und da gehen den Leuten die Augen auf: „Es ist der Herr!"

Jesus war ein geselliger Mensch; er liebte das gemeinsame Essen. Im Teilen des Mahles erkannte man ihn. Auch heute noch.

Blitzt der göttliche Humor nicht auch durch in der Schöpfung? Wer so viele lustige und bizarre Tiere in die Welt setzt, wer so Typen wie mich ins Priesteramt ruft, der muss Humor haben.

Betonköpfe, Bürokraten und Moralisten haben keinen Humor. Mein Geographielehrer hatte auch keinen. Aber mein Opa. Der ging sogar für den Nachbarn ins Gefängnis, um ihn, den Vater zweier Kinder, zu schützen. Er nahm die Schuld auf sich. Das geht nur, wenn einer diese heitere Gelassenheit besitzt, die um den guten Ausgang der Dinge weiß und um die Führung Gottes.

Für viele ist Gott eine bedrohliche, mindestens aber kontrollierende Instanz, die die Sünden bestraft. Weit gefehlt. So kleinlich deutsch ist er nicht.

Und dass Jesus diesen betrügerischen Zöllner Zachäus vor den Augen der Pharisäer rehabilitiert und sich bei ihm zum Essen einlädt, ist für Moralisten starker Tobak. Für die erlösten Christen ist es ein Ausdruck von Barmherzigkeit, und das ist die Schwester des Humors.

Und als ich einmal Gefahr lief, verspätet zu einer Generalprobe im Trierer Theater zu kommen, was einen strengen Verweis nach sich gezogen hätte, bat ich Gott um Hilfe. Was tat er? Auf der Bühne war eine ganze Stunde der Strom weg, so lange, wie meine Verspätung dauerte.

Da sag mir keiner, Gott hätte keinen Humor.

DIE 3-D-TUGENDEN MARIENS

Es sind drei der wichtigsten Eigenschaften eines anständigen Menschen. Maria hatte sie.

Erstens die Demut.

Als der Engel Gabriel ihr die Schwangerschaft ankündigte, von der Maria nicht einmal wusste, wie und woher, nahm sie diese Botschaft im Vertrauen auf Gott demütig an; d.h. sie war bereit, mutig zu dienen: Dien-Mut. Sie fragte nicht weiter Löcher in den Flügel des Engels, sondern zeigte Mut im Hinblick auf ihre Zukunft, die wahrlich kein Honiglecken sein würde. Und fehlt heute dieser Mut zum Dienen, diese Bereitschaft, sich ganz auf Gott einzulassen ohne Ab- und Versicherungen, ohne Garantieschein für schmerzloses Leben. Demut bedeutet auch das Sichzurücknehmen zu Gunsten anderer.

Zweitens die Dankbarkeit.

Diese Tugend bewahrt uns vor allzu aggressiven oder gar depressiven Reaktionen. Sie schützt vor Hochmut und Meckern auf hohem Niveau; dankbare Menschen haben mehr Freude und sind weniger anspruchsvoll. Das zahlt sich aus im Hinblick auf die begrenzten Bodenschätze und überteuerten Konsumgüter. Maria zeigte sich dankbar Gott gegenüber; als sie ihre Cousine Elisabeth besuchte, pries sie im „Magnifikat" die Größe und Güte Gottes. Wer will heute denn noch dankbar sein, wenn er nicht einmal weiß, was auf ihn zukommt? Oder an Abtreibung denkt, weil das Kind stört.

Drittens die Diskretion.

Die Medien leben von der Indiskretion: sie outen alle Schwächen prominenter Menschen und verraten Geheimnisse um der Quote willen. Datenschutz gibt es tatsächlich nicht. Es wird alles ausspioniert, um dann abzuzocken. Hotels verlangen neben der Adresse auch Geburtsdatum auf dem Meldebogen; ich habe – die Bürokraten mögen jetzt heiß laufen – immer falsche Angaben gemacht. Und bis heute hat es keiner gemerkt. Das lässt doch hoffen.

Maria war verschwiegen. Sie verstand nicht alles, was ihr Sprößling so von sich gab (siehe seine Antwort nach dreitätiger Suche in Jerusalem). Sie „bewahrte all dies still in ihrem Herzen" steht da. Eine deutsche Mutter hätte gesagt: „Komm du mir mal nach Hause!"

DIE FRAU AM JAKOBSBRUNNEN

Es war Juden verboten, mit Samaritern Kontakt zu haben, weil sie ihren Glauben mit heidnischen Lehren vermischten. Diese Frau ist eine Samariterin (Joh 4,1-26).

Jesus verwickelt sie in ein Gespräch, in dem er ihr das Wasser des ewigen Lebens anbietet und nach kurzem Disput ihre private Katastrophe enthüllt: „Fünf Männer hast du gehabt und der jetzige ist nicht dein Mann". Das war ein Schock für sie. Und sie erkennt, dass dieser Mann ein Prophet ist.

Jesus legt mit klaren Worten dar, dass der wahre Gaube nur von den Juden kommt und dass es um die Anbetung des wahren Gottes geht; denn „ihr betet an, was ihr nicht kennt." Die Frau weist auf den kommenden Messias hin, der alles verkünden wird, und erfährt jetzt aus dem Mund Jesu, dass er es ist.

Diese Begegnung muss sie vollends sprachlos gemacht haben. Da kommt einer, der erstens das Verbot der Kontaktaufnahme ignoriert, zweitens hellseherische Fähigkeiten hat und drittens auch noch der Messias ist.

Diese Begegnung hatte zur Folge, dass sich viele Samariter bekehrten. Diese Erzählung bestätigt wieder einmal mehr, dass Berührungsängste und freimütige Kommunikation mehr erreichen können als Verbote und religiös verbrämte Feindseligkeiten.

Und noch was: Jesus lernt hier etwas Neues. War er bislang der Meinung, nur zu den Juden gesandt zu sein, so lenkt er nun ein angesichts des enormen hartnäckigen Bittens der Frau und geht auch zu den Heiden.

Was zählt, sind nicht soziale Ausgrenzungen, sondern mutige Schritte zur Nächstenliebe.

Und: Immer schön hartnäckig bleiben und Gott so lange bestürmen, bis er einlenkt.

DIE MAUERN IM KOPF

„Sie haben ja völlig Recht, aber....." sagte jetzt schon zum wiederholten Mal die ältere Dame, „aber wenn Sie wüssten, wie mein Mann reagiert!"
„Ja schon, Herr Doktor, aber so einfach ist das nicht" betonte Herr K. die Unmöglichkeit, seinen Betrieb an den Sohn weiter zu geben. „Wissen Sie, mein Sohn hat zwar studiert und wäre auch imstande die Firma zu leiten, aber ich halte ihn für zu stürmisch und unbedacht."
Dieses stete „Ja, aber" macht alles zunichte. Es ist die berühmteste und stabilste Mauer im Kopf vieler Menschen.
Wer kennt sie nicht: die sturen Behörden und die unbeweglichen Beamten, deren Gehirnwindungen einer chinesischen Mauer gleichen. Mit Berufung auf Paragraphen und Bestimmungen: Ordnung muss sein, Vorschrift ist Vorschrift und wo kämen wir denn hin, wenn... Die so erbauten Mauern machen viele unserer Mitmenschen erkenntnisresistent.
Wo Konsequenz drauf steht, ist oft Sturheit drin. Mir fällt auf, dass Leute oft Pflicht nennen, was näher betrachtet nur stures Verhalten ist.
Mich mag keiner" – „ich muss perfekt sein" – „ Gott straft mich" – „ich darf nicht nein sagen" – „ins Grab bringst du mich noch" usw. Wer in solche Fallen tappt, ist gefährdet. Er verbraucht fast die ganze Lebensenergie zur Verdrängung seiner Ängste und seiner Wut. Da bleibt nichts mehr übrig für das Leben selber. Er ist buchstäblich eingemauert und stirbt einen langsamen seelischen Hungertod.
Die Neurobiologie hat festgestellt, dass jahrelanges bestimmtes Denken und Fühlen die Nervenzellverschaltungen beeinflussen. Wer beispielsweise vorwiegend negativ und pessimistisch denkt, verstärkt eine bestimmte Region im Seitenlappen, wobei die „positive" Region verkümmert.
Jesus hat die pharisäischen Betonköpfe mit seinen Forderungen provoziert. Er hat das Denken seiner Zeit auf den Kopf gestellt, indem er mit Sündern und Frauen, mit Aussätzigen und Nichtjuden Kontakt pflegte. Indem er am Sabbat Gutes tat und das Gesetz unter den Menschen stellte. Er mischte sich ein zu Gunsten der Armen und Ausgestoßenen; er geriet in Zorn über Selbstgerechte und Gesetzesfromme.
Es wird Zeit, dass wir die Mauern schleifen und das Leben lebendiger machen.

EIN GEWITTER REINIGT

Wenn sich was zusammenbraut und sich der Himmel verfinstert, droht ein heftiges Gewitter. Ist dann die kosmische Katastrophe vorbei, können wir aufatmen – in einer gereinigten, klaren Luft. Während die Natur ihre eigenen Gesetze hat und sich immer wieder erneuert, verharren wir Menschen oft hilflos in der angespannten zwischenmenschlichen Atmosphäre. Wir spüren die geladene Stimmung und sind kaum imstande, angemessen und konstruktiv zu reagieren.

Die meisten Ehen gehen auseinander, weil beide Partner jahrelang keine ehrliche Aussprache hatten, weil sie Meinungsverschiedenheiten oder Kränkungen allenfalls verschlüsseln und den anderen auflaufen lassen.

„Is was?" – „Nee, was sollte schon sein?"

Oder so was: Meine Frau redet und redet und redet den ganzen Tag. Unerträglich!

-Was redet sie denn? – Na das sagt sie ja nicht!

Die von Jesus vorgelebte Streit- und Vergebungskultur haben wir nie gelernt. Sind wir gekränkt, setzen wir die Kränkung als Waffe ein und bedienen uns eines weiteren Arsenals: Schuldzuweisung, Liebesentzug, Drohung, Mobbing.... Das einfachste der Welt wäre ein sachliches Gespräch „Lasst uns reden, wir haben uns verletzt!" Wir tun es aber nicht.

Als meine Oma den Opa mit Redeverweigerung bestrafen wollte, kramte mein Opa in allen Schubladen und suchte etwas. Genervt davon, fragte die Oma: Was suchst du denn da? Und Opa antwortete: Na, gottseidank, ich hab sie gefunden! – Was? – Deine Stimme.

Humor ist die beste Methode dicke Wolken wegzuschieben. Dennoch müssen wir alle lernen, über Missverständnisse, Frustrationen und Kränkungen zu reden. Oftmals sind wir gar nicht gemeint, wenn andere uns anpöbeln. Sie meinen vielleicht Personen aus ihrer Vergangenheit und verschieben den Zorn auf uns.

Wer lebenslänglich alte Demütigungen ansammelt, wird rasch beleidigt sein bei den geringsten Anlässen; er hat einen standby-Zorn. Da brauchen wir nur ein kleines Wort zur falschen Zeit zu sagen oder eine kleine Kritik zur richtigen Zeit, und der andere explodiert. Ich bin nicht die Ursache dieses Gewitters, sondern nur der Auslöser.

Was nicht ausgesprochen wird, kann nicht geheilt werden. Was nicht vergeben wird, kann auch mir nicht vergeben werden. Deshalb sind faires Streiten und baldiges Verzeihen christliche Zwillinge. Goethe sagte einmal: Ich verstehe nicht, dass es Menschen gibt, die abends zu Bett gehen, ohne sich zu verzeihen. Tun SIE es! Es lebt, schläft und stirbt sich leichter.

FRONLEICHNAM

Da haben sie gejubelt und gesungen; sie haben ihre Sympathie für ihren Verein hinausgeschrieen, die Fahnen geschwenkt, sich in den Farben ihres Vereins geschmückt: schwarz-gelb die einen, rotweiß die anderen. Sie haben ihr Ritual zelebriert, ihren Glauben bekannt, ihr Zeugnis öffentlich gemacht und Gemeinschaft demonstriert. Was für ein Champions-League-Finale! Im Mittelpunkt stand der Ball.

Da singen etwas später einige Hundert auf den Straßen, halten ihre Fahnen hoch, sind geschmückt in den Farben ihrer Landsleute, zelebrieren ihren Ritus, bekennen ihren Glauben und bezeugen es öffentlich: Im Mittelpunkt steht eine kleine weiße Hostie.

Beide Veranstaltungen sind sinnenfällige Ausdrucksformen für etwas, was uns am Herzen liegt. Den einen ist es lieb, den anderen teuer. Das Leben ist nicht nur Irrfahrt, sondern auch Wallfahrt. Es findet sein Ziel in Gott. Das eine mag bisweilen eine lautstarke Zudröhnung sein, das andere mitunter eine eucharistische Zumutung. Aber es zeigt allemal das Bedürfnis des Menschen, etwas gemeinsam zu tun, was ihm bedeutsam erscheint.

Für den Christen ist dieser Jesus in der Gestalt des Brotes (Über)lebensmittel. Und so kann er dasselbe sagen, was auf den Fahnen des FC Bayern steht: FOREVER NUMBER ONE.

GRÜNDONNERSTAG

Jesus hat seinen Leuten hin und wieder den Kopf gewaschen. Heute wusch er ihnen die Füße. Wir hingegen waschen dauernd den unliebsamen Zeitgenossen den Kopf. Das ist aber keineswegs eine liebreizende Dienstleistung, vielmehr das Ergebnis einer persönlichen Kränkung. Meistens.

Wer die Füße waschen will, muss sich nämlich bücken, kleiner machen und somit den anderen erhöhen. Das erfordert Demut. Und Selbstakzeptanz. Nur wer mit sich selbst nicht fertig wird, macht gerne andere fertig...

Die Lehre Jesu denkt nicht wirtschaftlich, sondern geistlich, mitmenschlich. Nicht das Konto ist der Maßstab, sondern die Liebe. Unsere Dienstleistungsgesellschaft bietet für alles ihren Service an, jedoch oft überteuert und leider für den Hartz-4-Empfänger, 1-Euro-Sklaven und Leiharbeiter unbezahlbar. Das ist ein Drittel unserer Gesellschaft.

Es gab Zeiten, in denen Ordenspriester und Nonnen ihre ganze Kraft und Zeit den Armen und Kranken widmeten gegen eine geringe Vergütung. Das ist vorbei; denn die Orden sterben langsam aus. Jene, die also immer die Füße wuschen und sich klein machten, sind in zwanzig Jahren nicht mehr da; niemand will sich heute noch bücken; es sei denn, wir bezahlen die Pflegekräfte, Kindergärtnerinnen und Haushaltshilfen anständig.

Gründonnerstag ist ein Aufruf zum Dienen um der Liebe willen. Das haben die vielen Ehrenamtlichen begriffen. Ihr Lohn erfolgt nach diesem Leben.

Immer noch berechnen zu viele Menschen Gefälligkeiten nach dem Kosten-Nutzen-Verhältnis. Gestern traf ich einen jungen Mann, der sich anbot, mir beim Umzug zu helfen. Ohne Bezahlung. Dass es so was noch gibt, lässt hoffen.

HEILUNG VON SCHWIEGERMÜTTERN

Bei Matthaus Kapitel 8, Vers 14 wird die Schwiegermutter des Petrus geheilt. Mal wieder. Nette Geste von Jesus. Man darf davon ausgehen, dass das Verhältnis des Petrus zu seiner Schwiegermutter gut war. Das ist ja leider nicht bei allen Verheirateten so. Wenn man bedenkt, in welchem Ruf Stiefmütter und Schwiegermütter stehen!

Hier ist es eine fiebrige Krankheit. In meiner Praxis sind es eher Unversöhnlichkeiten, Kränkungen, als Einmischung missverstandene Fürsorge oder beziehungstötende Charaktermerkmale. Da wird gegiftet, intrigiert und manipuliert, dass sich die Balken biegen. Warum nur?

Es gibt so viele gute Beziehungen zwischen Schwiegereltern und Eingeheirateten. Warum also sind manche Verhältnisse so vergiftet? Wenn eine Mutter mit dem Freund oder mit der Freundin ihres Kindes nicht einverstanden ist; wenn sie vielleicht eifersüchtig ist; wenn sie andere Pläne hat und ihr Kind querläuft; dann beginnt ein schleichender Krieg. Es ist Angst. Angst, ihr Kind könnte nicht glücklich werden (ein durchaus positiver Gedanke). Es ist Angst vor der Einsamkeit, sobald das Kind aus dem Haus ist (ein meist unterschwelliges Gefühl); es ist Verbitterung über die eigene, unglückliche Ehe (ein gefährlicher Brandherd).

So ist jener Tag, an dem dieses Evangelium gelesen wird, Tag der Schwiegermütter. Und wir sollten Jesus um Heilung dieser Kränkungen bitten: Er möge sie befreien vom Fieber der gutmeinenden Einmischung, von der Überhitzung der Eifersucht oder vom Brandherd einer verfehlten Ehe.

Vor allem aber sollten wir dankbar sein für all jene Schwiegermütter, die sich liebevoll aufopfern und stets da sind, wenn die Schwieger(kinder) sie brauchen.

HERZ JESU

Jetzt kommen vermutlich fromme, kitschige Bilder hoch. Das Herz-Jesu-Fest wurde 1675 durch die heilige Nonne Maria Margareta Alacoque angeregt; die hat dem Papst das Fest ans Herz gelegt, und erst 1856 hat es Pius IX zum Festtag erhoben auf den zweiten Freitag nach Fronleichnam.

Medizinisch ist das Herz ein Hohlmuskel mit Pumpfunktion. Wenn es nicht mehr will, kann ein Herzschrittmacher helfen. Manche brauchen dringend einen geistlichen Herzschrittmacher.

Beim römischen Komiker Philip Neri , von den Römern als großer Heiliger verehrt, ist plötzlich das Herz doppelt so groß geworden; die Ärzte hatten keine Erklärung dafür, aber die Priester hatten eine: Seine Liebe zu Gott war so groß, dass sein Herz davon fast explodierte.

Es gibt eine Liebe und Nähe, die zu Herzen rühren kann; sogar unter Tieren. Gottes Liebe ist unendlich und für uns nicht nachvollziehbar. Er umarmt den Sünder, er verzeiht seinen Peinigern, er bricht Gesetze, wo es zu helfen gilt. er stellt alles auf den Kopf. Er opfert sich für uns.

Am Karfreitag ist sein Herz gebrochen; es flossen Blut und Wasser heraus. Und immer noch legen wir die Menschen aufs Kreuz, nageln sie auf ihre Meinung fest und versetzen ihnen ein Stich ins Herz.

Warum nur sterben so viele am Herzinfarkt? Haben wir uns alles zu sehr zu Herzen genommen? Waren wir zu hochherzig? Oder engherzig? Fakt ist: Es gibt in Deutschland mehr Kardiologen als Menschen mit Herz.

HIMMELFAHRT

Christi Himmelfahrt ist inzwischen zum Vatertag mutiert. So ein irdisches Gedenken liegt vielen näher als die Fahrt gen Himmel. Außerdem bereitet das kirchliche Fest erhebliche Kopfschmerzen. Wie geht Himmelfahrt? Wer sich heute einen zuviel hinter die Binde gießt, weiß wenigstens, woher seine Kopfschmerzen kommen, doch die anderen, nüchtern betrachtet, haben wenig davon, wenn sie nach oben schauen.

Schon Gagarin, der russische Astronaut, stellte süffisant fest, dass es im Kosmos keinen Gott zu sehen gab. Wer wird denn heute so naiv sein und glauben, der Geist Gottes sei topographisch festzumachen. Vielleicht sollten wir bei soviel Naivität doch Vatertag feiern.

Der Himmel ist biblisch gesehen nicht oben, die Hölle nicht unten. Und Christus war kein fliegender Holländer in der Galaxis. Da haben es die Engländer leichter. Ihr Wort heaven meint den Himmel als den Bereich Gottes, das Wort sky meint den Ort der Astronomie und Meteorologie. Wesentlich ist nicht WIE, sondern DASS Jesus zu Gott gelang. Mit Haut und Haaren. Mit allem. Das Fest hat wenigstens Hand und Fuß, meine ich.

Wären die im Heiligen Land gezeigten Fußabdrücke Jesu am Berg der Himmelfahrt echt, hätte Jesus auf sehr großem Fuß gelebt. Nein, nein, Jesus ist nicht abgehoben; er ist aufgehoben in Gottes Herrlichkeit. Himmelfahrt meint endgültige Erfüllung in Gott.

Unser Leben ist also kein Himmelfahrtskommando mit tödlichem Ausgang, sondern ein mehr oder weniger geglückter Start zum himmlischen Vater. Ein Vatertag gänzlich anderer Art, finde ich. Wer sich also als Vater hochleben lässt, sollte den himmlischen Papa nicht vergessen. Der humorvolle und kluge Christ feiert also beides.

Doch jetzt mal ganz ernst: Was spricht dagegen, dass Jesus in seiner kompletten Leibhaftigkeit vor den Augen seiner Jünger entrückte? Doch nur unser Mangel an Glaube und Phantasie. Wer immer diese physische Entrückung als Märchen deutet, oder als archetypische Metapher , ist in guter Gesellschaft. Selbst die biologische Vaterschaft ist ein großes Wunder. Wir haben uns so daran gewöhnt, dass es gerade mal ein Ereignis ist. Oder zuviel gesoffen am Vatertag. So was kann den Verstand trüben. Na denn Prost!

JOSEF

Die Habsburger verehren ihn als Hausheiligen; die Arbeiter haben ihn als Patron; die Spanier feiern an seinem Fest den Vatertag; Flüchtlinge und Reisende rufen ihn an, und Pius IX machte ihn zum Patron der katholischen Kirche.

Bis heute ist Joseph einer der weltweit gebräuchlichsten Vornamen in nahezu hundert nationalen und verballhornten Varianten, so im deutschen Sprachraum als Sepp, Jupp, Beppo, Joop oder Joschka.

Dieser bescheidene Zimmermann war immerhin aus dem Geschlecht Davids und verlobt mit dem jüdischen Mädchen Maria.

Aus seiner ersten Ehe brachte er einige Kinder mit, die im Matthäusevangelium „Geschwister Jesu“ genannt werden. Es könnten aber auch Vetter und Cousinen sein. Aufgrund der rätselhaften Schwangerschaft seiner Verlobten wollte er sich von ihr trennen; er hätte sie ja auch verraten und somit der Todesstrafe ausliefern können. Tat er nicht, weil er diskret war und gottverbunden.

Von Herodes verfolgt, flüchteten sie mit dem Kind nach Ägypten; dann taucht Josef zum letzten Mal auf, als sein Sprößling drei Tage verschwand und im Tempel lehrte. Von da an wird er nicht mehr erwähnt.

Als Vorbild für junge Männer scheint er nicht geeignet; denn heute ist machohaftes, narzisstisches Auftreten gefragt, kämpferisch, karrierebewusst. Da hat er aber schlechte Karten. Aber dringend vorbildlich ist er dennoch: Er ist nämlich diskret und bescheiden, mutig und fromm. Allein deshalb ist er es wert, verehrt zu werden.

Angeblich soll sein Festtag am 19. März das Ende des Winters einläuten, sagt doch eine alte Bauernregel: „Wenn's erst einmal Josefi ist, / so endet auch der Winter g'wiss.“

Na hoffentlich.

KARNEVAL

Das Fest der Masken und Verkleidungen. So betrachtet ist das ganze Jahr Karneval. Wir tragen immer Masken. Nur ist es nicht unbedingt fröhlich, wenn man sich dauernd verstellen und eine bestimmte Rolle spielen muss.

Ganz besonders tragisch ist die Rolle des zwanghaften Christen: Er sucht Sicherheit und Kontrolle; er braucht Regeln, Gesetze, Strukturen, sonst verliert er sich. Die Angst vor der Freiheit der Entscheidung und die Angst vor Fehlern bestimmen sein Leben. Er hat einen Hang zum Dogmatismus; so ist er zielbewusst, aber unerlöst. Sein Glaube ist schrecklich fromm, also mehr schrecklich als fromm. Er kämpft immer gegen statt für etwas. Er trägt vielleicht eine Nase oder ein Hütchen, mehr nicht.

Der hysterische Christ sucht das Theater; er braucht die Bühne und das Publikum. Seine Angst vor dem Verlust der Geborgenheit lässt ihn an Gott klammern; doch ist er emotional labil und dramatisiert gerne . Er verwechselt seine Gefühlsausbrüche mit Gotteserfahrungen und wittert hinter jedem blendenden Fernlicht eine geisterfüllte Erleuchtung. Er kleidet sich in bunte Tücher, schrill , aber nicht farbecht.

Der depressive Christ ist meist „gut katholisch", also brav, angepasst und pflegeleicht. Er ist manchmal so selbstlos, dass er sein Selbst los ist. Zorn kann zur Trauer werden, Angst kommt irgendwie als Bescheidenheit rüber. Er fühlt sich dauernd schuldig und gönnt sich das Leben nicht. Manchmal ist er als Clown verkleidet.

Wie wär`s mal mit der Verkleidung des Paulus: Panzer der Gerechtigkeit, Schild des Glaubens, Helm des Heiles und Schwert des Geistes (Eph.6,14 f)?

Zugegeben, etwas martialisch. Aber stabil und heutzutage hierzulande die passendste Kostümierung.

LÄCHLE AM MORGEN

Lächeln? Nach einer schlaflosen Nacht? Angesichts der bevorstehenden Aufgaben? Da vergeht einem doch das Lachen.

Aber wenigstens einmal am Tag sollten die Gesichtsmuskeln trainiert werden; es sind 43 Muskeln, die im Gesicht beim Lachen aktiviert werden und Endorphine ausschütten, also Glückshormone. So betrachtet, empfehle ich dann doch noch eine Wiederholung des Lächelns am Abend. Übrigens lachen Kinder etwa 400 mal am Tag, während die Erwachsenen, bedrückt vom Ernst des Lebens, gerade mal 15 mal ein Lachen übers Gesicht bringen. Uns ist offenbar das Lachen vergangen.

Unglaublich, was da alles im Körper passiert, wenn wir herzhaft lachen! Das Zwerchfell wird geradezu massiert, die Verdauung wird gefördert. Die Haut wird besser durchblutet und das Stresshormon Adrenalin vermindert. Das Hormon Gamma-Interferon wird freigesetzt, das Antikörper bildet und Tumorzellen bekämpft.

Lächeln ist gewinnbringend: es macht sympathischer und attraktiver.

Wir beobachten bei manchem Menschen, dass sie in peinlichen oder angstbesetzten Situationen lachen; es ist ein Versucht, Scham und Angst zu überspielen und sie sich nicht anmerken zu lassen. Sie wollen ihr Gesicht wahren, was noch am ehesten durch Lachen gelingt. Dann kann aber ganz plötzlich das Lachen ins Weinen umkippen; denn beide Emotionen werden aus derselben Gehirnregion gespeist. Ich beobachte dies gelegentlich bei Patienten: ein übertriebenes Lachen ist verdächtig. Und nicht wenige erzählen mir lächelnd ihre größte Not. Die Angst, vom Gefühl der Trauer überrannt zu werden, lässt sie lächeln.

Ich trete manchmal auch als Kabarettist auf. So kommt es, dass während unserer dreiwöchigen Therapie im Pallottihaus viel gelacht wird, da ich die Angst und Not der Teilnehmer mit Humor und Witz auffangen möchte. Das gelingt tatsächlich ganz gut. Und regelmäßig bekomme ich dann später zu hören und zu lesen, dass gerade diese Momente der Heiterkeit geholfen haben.

Und wenn Ihnen nicht zum Lachen zumute ist, dann lächeln Sie mal kurz und Sie haben es hinter sich.

LIEBE

Don Juan meinte, er wisse, was Liebe ist. Die Machos unserer Tage bilden sich ebenfalls ein, es zu wissen. Dabei verwechseln sie offenkundig Sex mit Liebe. Es ist aber die Ware Liebe, nicht die wahre Liebe. Das Wort ist in aller Munde, wo es nicht hingehört.

Liebe ist zu wissen, was dem anderen weh tut, und dies nie einzusetzen. Liebe ist, etwas falsch machen zu dürfen, ohne Angst vor einem Gezeter haben zu müssen.

Die einen glauben, den Partner besitzen zu können, ihn zu kaufen, ihn zu manipulieren. Es handelt sich aber nur um die anale, besitzergreifende Beziehung. Und die anderen meinen, es sei ein Ausdruck von Liebe, sich verwöhnen zu lassen bzw den Partner an sich zu binden durch stete Wunscherfüllung. Nein, auch das muss keine Liebe sein; es ist eher eine orale, sich einverleibende Beziehung. Die geht nach einer kurzen Zeit in die Binsen. Und die narzißtische Liebe ist en vogue: die Medien fördern sie, die digitale Technik verbreitet sie. Wer die anderen nur als Deko benutzt und sein schwaches Ich mit stets wechselnden Personen aufpeppelt, handelt nach dem Motto: „Meine Freunde und ich lieben mich sehr." Bravo.

Donald Trump ist der Narziß par excellence: solche Typen vertragen keine Kritik, sind erkenntnisresistent, rasch beleidigt, schieben alle Schuld auf die anderen und halten sich für „großartig".

Nein, die echte Liebe akzeptiert Schwächen, liebt sich und den anderen sozusagen brutto. Sie macht Kompromisse, kann verzeihen, kann loben und zeigt Empathie, also Einfühlungsvermögen.

Wer sich selbst nicht ehrt, nicht annimmt, wer sich nicht abgrenzen kann (also nein sagen), wird sich schwertun mit der Nächstenliebe, ganz zu schweigen von der Feindesliebe, die ja nur darin besteht, endlich Rachegelüste und Rechthaberei aufzugeben. Bedenken Sie: Nur gekränkte Menschen kränken. Und nur versöhnte Menschen sind liebesfähig.

MUTTERTAG

Schade, dass es ihn nur einmal im Jahr gibt. Aber immerhin gibt s ihn überhaupt. Es war die Idee einer amerikanischen Methodistin, die 1907 einen Gedenktag für Mütter durchsetzte. In Deutschland war 1923 die Premiere. Und als dann die Vermarktung des Tages überhandnahm, wollte die Gründerin den Tag wieder abschaffen. Da war es zu spät, denn die Floristen feierten die „freundliche Übernahme".

Tatsächlich sind es immer noch Frauen und Mütter, die den Haushalt schmeißen und sich als unterbezahlte Managerinnen für Haus und Familie einen Namen machen.

"Das bisschen Haushalt macht sich von allein", sang Johanna von Koczian 1977, und präsentierte auf ironische Weise, wie schön doch ihr Alltag abläuft und ihr Mann das auch so sieht, wenn er meint, dass sie „auf Knien dem Schöpfer danken kann".

Nun gibt es Schraubenmütter und Mehrkantmütter, Hutmütter und Flügelmütter, Schnappmütter und Kontermütter, jene Muttern (so die richtige Mehrzahl), die ein Innengewinde haben. Hat aber nichts mit unseren menschlichen Müttern zu tun. Oder doch? Zugegeben, manche sind überbehütende, übergeschnappte, konternde und verschraubte Mütter, aber auch ihnen gebührt Dank für ihren Einsatz. Denn wie auch immer eine Mutter sein mag; sie ist mit ihren Kindern weit vor deren Geburt zutiefst innerlich verbunden, womit ich beim Innengewinde bin.

Sie verzichtet auf vieles zu Gunsten ihrer Kinder; sie wird gebraucht, geliebt, gesucht, oft überfordert, missverstanden, gekränkt, ausgenutzt, sehnsüchtig erwartet, unterbezahlt, vermisst. Und wenn sie dann die Kinder zu lange festhält, mit dem Erziehen nicht aufhört oder deren Loslösung schwerlich zulassen kann, wird`s stressig für alle.

Es gibt keine vollkommene Mutter. Und Väter schon gleich gar nicht, gell. So sei heute dankbar aller Mütter gedacht. Es geht nicht um Heiligsprechung und Verklärung; es geht schlicht um respektvolle Behandlung von Frauen, die sich jahrelang einsetzen für ihre Kinder. Und dieser Respekt sollte nicht allein mit Blumen und Ferreroküsschen abgegolten sein. Und nicht allein an einem einzigen Tag. Der Respekt hat kein Verfallsdatum.

NEGERKUSS

So etwas darf man nicht sagen, nicht einmal denken. Wir machen ja aus allem eine Hype. Wir neigen zu Überreaktionen, Pingeligkeiten und zählen Erbsen. Von wegen also Mohrenkopf, Nicknegerlein und Negerkuss. Raus mit dem Neger aus allen Märchenbüchern, weg mit dem Mohren aus dem Wappen der Mainzer Familie Neger (der Ernst Neger vom Karneval). Pippi Langstrumpfs Negerkönig heißt jetzt Südseekönig. Und der schwarz angemalte Krampus (Knecht Rupprecht) muss jetzt weiß bleiben. Herr, schmeiß Hirn vom Himmel! Die dunkelhäutigen Mitmenschen lachen darüber bloß. Und auch die Roma und Sinti haben kein Problem mit dem Begriff „Zigeuner". Sind wir von allen guten Geistern verlassen?

Das Martinsfest soll jetzt heißen „Sonne-Mond-und-Sterne-Fest". Mit Rücksicht auf die Moslems, die selber aber das Martinsfest lieben.

In der DDR hießen die Weihnachtsengel „Jahresendflügelpuppen". Mir platzt vor Lachen das Zwerchfell.

Eine derartige Verbiegung zeugt von Dummheit und Angst. Da wird die eigene Kultur aufgegeben zu Gunsten fremder Kulturen. Da wird sogar das Kreuz verhängt, damit die Moslems keine Panik bekommen. Mir kommen die Tränen bei soviel falscher Rücksichtnahme. Die Moslems denken nicht daran, unsertwegen ihren Glauben zu verleugnen... Wir sind armselige, überangepaßte , dümmliche und ängstliche Kulturvergewaltiger. Jedenfalls viele, besonders jene, die das erfunden haben. Das Ausland hat den Begriff „german Angst" geprägt. Ich kann nur sagen: peinlich.

Ich habe drei schwarze Freunde: einen Türken, einen Tunesier und einen von der Südsee. Alle drei lachen sich schief über dieses Wortverbot. Der eine hat jetzt Rückenprobleme vor lauter Lachen.

SICH SELBER EHREN

"In aller Demut ehre auch dich selbst und tu dir Gutes. Wer sich selbst nichts gönnt, ist anderen eine Last!" Dieser Satz steht im Buch Sirach, Kapitel 14. Es gibt Leute, die sich ständig selbst schlecht machen und für unfähig halten in der Meinung, dies sei die biblisch geforderte Selbsterniedrigung. Die wahre Demut hat nichts mit Selbstablehnung oder Selbstverneinung zu tun. Sie hat mit dem Mut zum Dienen zu tun, mit dem Mut, seine Fähigkeiten in den Dienst der Gemeinschaft zu stellen und dabei möglicherweise auch Fehler zu machen. Wer sich aber stets mit anderen vergleicht, die er für besser, erfolgreicher oder attraktiver hält, und sich deshalb versteckt, schneidet natürlich schlechter ab. Auf Dauer fühlt er sich auch schlecht. Wer als Kind nie sein durfte, wie er gerade war, wer also stets ein anderer sein musste, um geliebt zu werden: braver, angepasster, erfolgreicher, wird als Erwachsener nicht wissen, wie er wirklich ist. Er wird sich stets klein machen, um aufgebaut zu werden. Oder aber er macht sich größer als er ist, um Bewunderung zu erhalten. Einem solchen Menschen sage ich: "Mach dich nicht so groß. So klein bist du doch nicht!"

Eigenlob stinkt nicht immer. Die Heilige Schrift sagt es in aller Deutlichkeit: "Gib dir selber das Recht, das dir zusteht und versag dir nicht das Glück des Tages!" Deshalb rate ich Ihnen: Machen Sie sich selber niemals schlecht! Das besorgen andere schon.

Haben Sie heute schon gelobt?. Es gibt einen Zusammenhang zwischen dem gesunden Selbstwertgefühl und der Fähigkeit, andere zu loben. Und wer mit sich selbst gut umgeht im Sinn der Selbstachtung, geht auch mit seinen Mitmenschen gut um. Reine Egoisten und Narzissten aber haben diese Verdickung der Gehirnareale nicht.

Und noch etwas: Wer sich nie gegen Unrecht wehrt und seinen Ruf verteidigt, verliert den Respekt vor sich selber. Als der Schuldirektor vor der ganzen Klasse zu mir sagte: „Haben Sie in Ihrer Wüste des Nichtwissens überhaupt Oasen des Wissens?“ entgegnete ich: „Ich habe Oasen des Wissens. Aber die Kamele finden sie nicht.“ Von da an hatten alle Respekt vor mir. Ich auch.

QUAL DER WAHL

Michael M. hat zwei Freundinnen. Die eine ist sportlich und teilt mit ihm das Interesse für die Berge; sie entspannt ihn. Die andere teilt mit ihm den gleichen Beruf und vermag ihn aus seiner gelegentlichen Lethargie herauszuholen. Und weil er beides braucht, kann er nicht loslassen. Er las in einem Bericht, dass die Bigamie eine naturgegebene Anlage beim Mann sei. Das gefiel ihm.

Doch irgendwann verlangten beide eine klare Ent-Scheidung. Als die ausblieb, trennten sich die Frauen von ihm. Dann suchte Michael eine Partnerin in diversen Internetportalen; die Auswahl war groß; er konnte sich wiederum nicht entschließen aus Angst vor einer falschen Wahl. Vielleicht ist die andere doch besser? Oder die Blonde? Oder die Brünette? Er würde es sich nie verzeihen, wenn er die falsche Entscheidung träfe. Dabei lassen sich bei Parship alle 7 Minuten die Paare trennen.

Wer das Entscheiden lernen will, sollte keine Angst vor Verlusten haben. Er sollte auch nicht den Fehler machen, nur das Beste und Schönste zu nehmen, denn das bleibt stets subjektiv und relativ. Jede Wahl *für* etwas, ist zugleich eine Wahl *gegen* etwas. Statt sich zu konzentrieren auf das, was wir gewinnen, haben wir Angst vor dem, was wir verlieren. Und so schleppen wir manchmal Entscheidungen bis zum Nimmerleinstag hin. Untersuchungen ergaben, dass viele Käufer aufgrund der erschlagenden Fülle von Angeboten das Geschäft wieder verlassen, ohne etwas gekauft zu haben.

Die Angst vor der falschen Wahl ist therapiebedürftig. Diese Unentschlossenheit scheint derzeit zuzunehmen, vor allem bei jungen Menschen; sie leben mit der Angst, einen Fehler zu machen. In der Mode richten sich viele nach dem, was die anderen tragen und was so angesagt ist. Man will dazugehören.

Und alle späteren Zweifel oder nachträglichen Bedenken dürfen getrost ignoriert werden; denn sie entspringen in der Regel einer Seele, die zum Perfektionismus oder zu einer übertriebenen Absicherung neigt. Aber sicher ist nichts.

Es ist an der Zeit, das Leben durch Verzichtfähigkeit zu verbessern. Weniger ist mehr.

TU WAS FÜR DICH

Gehören Sie auch zu jenen, die sich nicht viel gönnen können, weil sie Schuldgefühle haben? Die sich nur dann etwas schenken, wenn sie es wirklich mühsam verdient haben? Die immer noch Geschenke mit Verdienste verwechseln? Dann wird es Zeit, umzudenken.

Ich begegne immer wieder unglücklichen Menschen, die sich seit Jahren nichts Gutes tun, weil sie meinen, Gott müsse sie ihrer Sünden wegen bestrafen. Sie fühlen sich nicht wohl, wenn sie beschenkt werden oder gar sich selbst etwas Gutes tun. „Ich habe es nicht verdient" sagen sie. Und wenn es ihnen schlecht geht, denken sie: „Geschieht mir recht."

Wer einen mühevollen Tag hinter sich hat, ist nicht nur seines Lohnes wert, sondern auch eines Lobes. Ich zum Beispiel lobe mich selber, wenn es andere nicht tun: Ich gönne mir einen Besuch im Theater oder ein Essen mit einem Freund oder – eine Tafel Schokolade. (Wegen des Glückshormons darin, Sie wissen schon.)

Es geht aber nicht nur um Anerkennung oraler, finanzieller oder sozialer Art. Es geht auch um das Gute für den Body: regelmäßiger Sport, gesunde Ernährung. In dieser Hinsicht sind die Frauen den Männern überlegen; sie tun was für sich. Das erfordert Disziplin und Durchhaltevermögen. Der Lohn für diese Arbeit folgt bald: bessere Konstitution, stabilere Gesundheit, gute Figur. Wenn da nicht diese verdammte Selbstsabotage wäre: Pralinen als Lohn für die schweißtreibende Arbeit und dann noch rasch eine Currywurst mit Fritten an der Bude um die Ecke.

Schließlich wäre da noch die Bildung, also etwas Gutes für Geist und Charakter. Da bieten sich Reisen an, Kurse an Volkshochschulen, Lektüre kluger Bücher... Ältere Menschen sind im Vormarsch und sitzen nun wieder in Hörsälen oder belegen Sprachkurse. Das hält fit und fördert den sozialen Wohlfühlfaktor.

Fehlt noch etwas? Wie schaut es eigentlich aus mit dem Verhältnis zu Gott? Wird das auch verbessert oder regelmäßig gepflegt? Etwa durch Gebet, Meditation und Sakramentenempfang? Da hapert's bei vielen noch. Dabei ist dieser geistliche Bereich der einzige, der überlebt. Der wohlgeformte und trainierte Body geht eines Tages zugrunde. Was bleibt dann übrig für die Ewigkeit?

„Sammelt euch keine Schätze, die verderben, sondern Schätze für's Himmelreich" empfiehlt Jesus. Da kann ich nur sagen: Tu was für dich!

UNSTERBLICHKEIT

Es gibt sie tatsächlich. Nach dem Tod. Aber viele wollen sie schon vorher haben. Sie lassen sich einfrieren, nehmen Ant-Aging-Tabletten, schaffen Werke für die Ewigkeit... Nur ja nicht sterben! Da hat ein Amerikaner einen Atombunker gebaut, in dem mit seiner Familie überleben will, wenn der Knall kommt. Angenommen, er überlebt den Knall. Und nun? Hand aufs Herz: Wollen Sie ewig auf dieser kaputten Erde leben?

Jenen, die nicht an ein Fortleben nach dem Tod glauben, sei gesagt, dass rein chemisch nichts verloren geht, nur verwandelt wird. So kann Wasser fest, flüssig oder verdampft sein. Und abgesehen von dieser wenig reizvollen Sichtweise bleibt doch die alles bewegende Frage: Wer sorgt für die Gerechtigkeit, die auf Erden ausbleibt? Wo ist der Ausgleich für all das Elend? Da muss es doch etwas geben. Denn wenn es nichts gibt, werden Moral und Anstand überflüssig, zumindest fragwürdig.

Hat Jesus nicht darauf hingewiesen, dass selig sind, die sich nach Gerechtigkeit sehnen; denn sie werden sie bekommen? Hat er nicht zigmal vom Lohn im Himmel gesprochen? Wer sich da schwer tut, macht wahrscheinlich den Fehler, das alles empirisch belegen zu müssen. Da ist Glaube und Vertrauen angesagt. Zugegeben, Glaube ist auch Wagnis. Da halte ich es mit Blaise Pascal; der hat einen sehr plausiblen Einfall gehabt: Lebe so, als ob es Gott und das Paradies gäbe. Wenn es sie dann gibt, hast du gewonnen, der Ungläubige verloren. Gibt es sie nicht, haben alle verloren. Also lebe so, als ob es sie gäbe!

Da drängt sich aber die Frage auf: Ist der Ungläubige verloren? Ich meine nicht. Denn dieser Gott, den er vielleicht leugnet, weil seine spirituelle Intelligenz nicht reicht, ist nicht nur gerecht, sondern auch barmherzig. Das finde ich an ihm echt geil.

VOM WAHN DER ABSCHOTTUNG

Uns geht es gut; besser als den meisten auf der Welt. Wir haben Grund zur Dankbarkeit und Freude. Und dennoch schreit da ein kleiner Teil unserer ansonsten intakten Gesellschaft seine Existenzangst hinaus, pöbelt gegen Ausländer, die wir dringend brauchen, verfolgt Asylanten, die Sicherheit suchen, und hält sich für den Nabel des Landes. Nichts gegen kritische Stimmen und Bedenkenträger. Aber warum nur sind diese wenigen Menschen so hasserfüllt und im Denken so einseitig gepolt? Viel problematischer als die Terrorangst und Fremdenallergie ist das kleinprovinzielle Kreisen um die eigenen Interessen, dieses pauschale Kriminalisieren traumatisierter Mitmenschen.

Wo aber ein gestörtes Selbstwertgefühl vorhanden ist und wo man nach einfachen Lösungen strebt, setzt die Vernunft aus und macht Platz einem schwarz-weiß-Denken; die Intelligenz weicht der Emotionalität. Wer kein stabiles Seelengefüge hat, zieht einfache Lösungen vor, schnell und klar. Die Angst wird fanatisch übertönt, die vermeintliche Lösung radikal durchgesetzt.

Wir müssen wieder lernen, zu vertrauen. Das hat auch mit dem Gottvertrauen zu tun, mit dem Glauben. Wo der aber schwindet, ist Platz für Ängste und Absicherung.

Videokameras, bissige Hunde, Lichtflutanlagen, hohe Betonmauern, Alarmanlagen und Stacheldrahtzäune sind Verkaufsschlager. Pin, Code, Tan und Co können gehackt werden. Je mehr Verbote und Geheimnisse, desto größer die Einladung zum Knacken.

Im Internet geben wir uns preis und können es nicht verhindern. Standen früher noch alle Adressen im Telefonbuch, so verschweigen viele jetzt ihre Daten. Ich löste kürzlich ungewollt die Alarmanlage in einer Kirche aus, aber niemand kam. Ich löste gewollt bei Woolworth im oberen Stockwerk die Alarmglocke aus, um eine Bedienung herbeizurufen; doch niemand kam. Möglicherweise hat die Gewöhnung daran eine gewisse Gleichgültigkeit erzeugt.

Je mehr einer besitzt, desto mehr muss er absichern. Unzählige Versicherungsfirmen bieten undurchschaubare Policen an mit aberwitzigen Klauseln zwecks Schutz von Haus, Hof und Mensch.

Mein Smartphone läutet. Ich lese im Display: „Nummer unterdrückt." Na super. Wieder so ein Angsthase, der Überfälle, Telefonterror oder Outings fürchtet. Angst ist ein schlechter Ratgeber.

WAS KATHOLISCH IST, KOSTET NICHTS

Im Markusevangelium (10,28-31) verspricht Jesus seinen Jüngern einen großzügigen Lohn für ihre irdische Tätigkeit. Denn sie fragen ihn danach. Ist das jetzt zu materiell orientiert oder ist das okay? Stellen Sie sich vor, heute würde ein Priester sie fragen, was denn für ihn herausspringe, wenn er die Botschaft Gottes verkündet und Sakramente spendet.

Ich bin Priester und Psychotherapeut. Und da gibt es Leute, die doch tatsächlich den mir zustehenden Lohn nicht zahlen wollen mit der Bemerkung: Sie sind doch Priester. Sie werden doch von der Kirche bezahlt.

Nein, werde ich nicht. Wir Ordensleute müssen unseren Lebensunterhalt selber verdienen. Aber es hat sich scheinbar die Meinung etabliert: Was katholisch ist, kostet nix. Und so malochen viele Christen für ein „Vergelts Gott", wo sie eigentlich ein kleines Honorar bekommen sollten. Zu oft höre ich dieses nette bayerische Wort und denke: Naja, ein Zehner oder Zwanziger könnte ich jetzt gut gebrauchen, zumal wir permanent von Armen angebettelt werden, denen ich gern etwas geben würde....

Jesus hat einen anderen, besseren Vorschlag: Die Lohnauszahlung erfolgt etwas später, nämlich nach diesem „Vergelt's Gott"-Leben. Und das nicht zu knapp. Das sind doch mal gute Infos.

Ich hab mich gleich hingesetzt und diese Botschaft verdichtet:

Ein Christ kehrt heim als Missionar
und mit ihm auch ein Fernsehstar.
Als beide dann das Schiff verlassen,
da feierten die Menschenmassen
begeistert diesen Fernsehstar.
"Gott", murmelt da der Missionar,
"der war nur kurz weg von zu Haus
und kriegt hier tosenden Applaus.
Bekomm ich, der ein Leben lang
ein Missionar war, kein' Empfang?"
Da flüstert Gott ihm zu und meint:
"Du bist noch nicht zu Haus, mein Freund."

WENN ES EIN LEBEN NACH DEM TOD GIBT,

was zieh ich dann an? fragte sich Frau Schmitt, deren einzige Sorge es immer schon war, einen guten Eindruck zu machen. Inwieweit sie auch vor Gott gut da stehen wollte, ist nicht überliefert.

Wir Christen sollten einen guten Eindruck machen, indem wir alles auf den Kopf stellen: Feinde segnen, Dieben noch ein Hemd dazugeben, Tobsüchtigen mit Gelassenheit begegnen und Paragraphen zu Gunsten der Barmherzigkeit ignorieren. So die Botschaft Jesu. Der Himmel ist uns zugesagt. Er muss gar nicht verdient werden mit frommen Leistungen und religiöser Akrobatik. Er wird uns geschenkt! Für leistungsbetonte Deutsche echt schwierig.

Ängstliche Menschen fürchten sich vor manchen Geschenken, auch vor dem Tod. Was kommt danach? Wer ein strenges, gar strafendes Gottesbild hat, wer ein dickes Sündenregister aufweist, fürchtet auch die Hölle. Die aber besteht nur in der freigewählten Gottesablehnung und beginnt schon vor dem Tod. Wer ist schon so blöd, Gottes Liebe feindselig von sich zu weisen?

„Der Tod ist kein Unglück für den, der stirbt", sagte Karl Marx nach dem Tod seines acht Jahre alten Sohnes Guido, von ihm „Musch" genannt. Tatsächlich ist er eine Befreiung. Aus dem Grund feiern viele Völker den Tod als Beginn eines schönen neuen Lebens. Christen sollten das wissen.

Feiern wir im November die Gewissheit eines besseren Lebens nach dem Leben. Für viele gibt es gar kein richtiges Leben vor dem Leben. Und fragen wir uns einmal, ob wir auf Gott gut wirken, also: ob er stolz auf uns sein kann, so wie hoffentlich auch Vater und Mutter auf uns stolz sein können. Da sind Äußerlichkeiten nicht so gefragt, mehr die Innereien, vor allem das Herz.

Der Tod ist doch nur ein Wohnungsumzug, ohne Möbel, ohne Klamotten. Völlig kostenfrei für den Betroffenen; leider aber sehr teuer für die Hinterbliebenen. Über diese Preise könnte man trauern, nicht über den Menschen, dem es besser geht als uns.

Im übrigen finde ich das „Ruhen in Frieden" ziemlich langweilig; ich schlage vor: „Lasst sie leben in Freude!"

ZWEIFEL DIENT DEM FORTSCHRITT

Eine Frau bat den Pfarrer um dessen Gebet für die Heilung ihres Sohnes. Dieser meinte, dass er gern dafür beten werde, sofern die Frau ihm hundert Euro gibt. Die arme Frau war außer sich, weil sie soviel nicht besaß. Alles Verhandeln nutzte nichts; der Pfarrer blieb hart und wollt hundert Euro. Schließlich weinte die Frau und rief: „In diesem Fall bleibt mir keine andere Wahl, als mein Vertrauen allein auf Gott zu setzen und hoffen, dass er mir hilft."

„Genau das wollte ich. Du sollst allein auf Gott dein Vertrauen setzen. Jetzt bin ich bereit, dein Gebet zu unterstützen."

Zweifeln ist lästig, kann aber stark machen, weil es ein Motor sein kann für die Weiterentwicklung. Wer ihn als Bedrohung empfindet oder gar als Sünde, sollte sich vor Augen halten, dass Jesus die Zweifler nicht im Regen stehen ließ. Thomas darf seine Hand in die Wunden Jesu legen; und der zweifelnde Vater des kranken Jungen erhält ohne Tadel das, was er erbittet.

Nie zu zweifeln ist Sache der Fanatiker, die Angst vor der Ungewissheit haben. Allwissende haben keinerlei Skepsis. Und das ist gefährlich. Immerhin haben schon viele Menschen an ihrem Glauben gezweifelt. Und was ist, wenn mein Unglaube falsch ist? Vielleicht sind die Folgen des gesicherten Unglaubens schlimmer als die des ungesicherten Glaubens.

So darf man auch am Zweifel zweifeln. Nichts ist gewiss. Was heute als wissenschaftliche Erkenntnis verkauft wird, kann morgen schon überholt sein. Deshalb kann Zweifel das Leben dynamisch halten und zur fortwährenden Wahrheitsfindung anstacheln. Kann es richtig sein, dass ein System, das nur auf permanentes Wachstum ausgerichtet ist, guttut? Ist die Demokratie wirklich bürgernah? Hat sich der Vatikan noch nie geirrt? Wer an Gottes Existenz zweifelt, muss kein Ungläubiger sein; er bleibt ein Suchender; denn der unerschütterliche Glaube ist ja auch Gnade.

Mutter Teresa von Kalkutta, Johannes vom Kreuz und Teresa von Avila litten unter Zweifeln, Ängsten und Glaubensverlust. Ich manchmal auch.

Absolute Sicherheit gibt es nicht Wer sie sucht, wird den Zweifel scheuen wie der Teufel das Weihwasser.

Gott wird keinen ablehnen, nicht einmal tadeln, nur weil er lebenslängliche Zweifel hegte. Da wäre die selbstgerechte Glaubensgewissheit allemal fataler. Vielleicht lässt Gott sogar solche Typen in Zweifel und Dunkelheit fallen, damit sie sich ihm demütig und hilflos ausliefern.

Es ist ein Trost, dass die Kirche allen Menschen den Zugang zum Heil zuspricht, „auch wenn sie schuldlos nicht zur ausdrücklichen Anerkennung Gottes gekommen sind." (Vatikanum II)

Und daran habe ich keinen Zweifel.

MIX
Papier | Fördert
gute Waldnutzung
FSC® C083411

Zeitfracht Medien GmbH
Ferdinand-Jühlke-Straße 7
99095 Erfurt, Deutschland
produktsicherheit@kolibri360.de

Druck:
CPI Druckdienstleistungen GmbH
im Auftrag der
Zeitfracht Medien GmbH
Ein Unternehmen der Zeitfracht - Gruppe
Ferdinand-Jühlke-Str. 7
99095 Erfurt